北アメリカ州の国
➡第**5**巻 36、38ページ

カナダ／ハイチ(P19)／パナマ

アメリカ
➡第**2**巻

南アメリカ州の国
➡第**5**巻 37、39〜40ページ

アルゼンチン／チリ
ブラジル／ペルー

オセアニア州の国
➡第**5**巻 42〜45ページ

オーストラリア／ニュージーランド
ミクロネシア／マーシャル諸島

もっと調べる
世界と日本のつながり

サウジアラビア

[監修] 井田仁康

4

岩崎書店

もっと調べる
世界と日本のつながり❹
サウジアラビア

もくじ

パート 1

サウジアラビアってどんな国？

©Zurijeta／Shutterstock.com

パート 2

くらしの真ん中にイスラム教

パート3

子どもたちの毎日を
のぞいてみよう

パート4

人やエネルギーの
つながりを見てみよう

©住友化学（株）

©ユニ・チャーム

※ 地図は簡略化して掲載しています。島などは一部省略しているページもあります。都市間を結ぶ線は、経路を示すものではありません。

※ 国名、首都名は、日本外務省の表記をもとにし、一般的によく使う略称でも表記しています（例：サウジアラビア王国→サウジアラビア）。

※ 主な数値は、日本外務省ホームページ、『世界国勢図会 2019/20年版』（矢野恒太記念会）、『データブック オブ・ザ・ワールド 2019年版』（二宮書店）などを出典としています。

※ とくに記載がないものについては、2019年12月までの情報をもとに執筆、作成しています。

日本と同じアジアにある国

世界を大陸で区分すると、サウジアラビアは日本と同じアジアの国で、西アジアに属します。日本は東アジアです。

正式名 サウジアラビア王国

アラビア語 المملكة العربية السعودية

首都 リヤド

国旗

緑はイスラム教の聖なる色。剣は聖地の守護と正義をあらわします。中央のアラビア語は「アッラーのほかに神はなし。ムハンマドはアッラーの使徒なり」という言葉です。

ヨルダン

イラク

クウェート

バーレーン

カタール

エジプト

サウジアラビア

アラブ首長国連邦

9：00 リヤド

オマーン

イエメン

言語 アラビア語

面積 約220万㎢

人口 約3,355万人（2018年）

宗教 イスラム教（イスラーム）

砂漠を旅するならラクダ！"砂漠の舟"ともいわれるよ

アラブ地域に多いヒトコブラクダ。人や荷物をはこび、長旅にたえることができる。

通貨 サウジアラビア・リヤル

1サウジアラビア・リヤル ＝ 約30円

（2019年10月現在）

通貨の単位は「サウジ・リヤル」と「ハララ」が
あり、1サウジ・リヤル＝100ハララ。1サウジ・
リヤルは日本円で30円くらいです。8種類の紙幣と、
5種類の硬貨があります。

©Krizim／Shutterstock.com

リヤドと東京の距離

約8,700km

男の子に
人気の名前
ムハンマド

女の子に
人気の名前
ファティマ

日本 東京 15：00

東京のほうが
6時間進んでいるよ

メッカ、メディナという
イスラム教の聖地がある

西アジアには、世界最大の半島・アラビア半
島があります。この半島の大半をしめるのがサ
ウジアラビア王国で、1932年に建国された国
です。「サウジアラビア」「サウジ」ともよばれ、
主にアラビア語を話すアラブ人がくらしていま
す。西は紅海、東はペルシャ（アラビア）湾に
面し、左のような周辺国があります。この地域
は、中央アジア南部や北アフリカも合わせて、
「中東」ともいいます。

サウジアラビアには2つの"顔"があります。
1つは「石油大国」の顔。1930年代後半に石
油が発見され、急速に経済が発展。石油がもた
らすばくだいな富がこの国を支えています。も
う1つは、「厳格なイスラム教大国」という顔
です。メッカ（マッカ）とメディナ（マディー
ナ）という2つの聖地があり、王は"聖地の守
護者"として国を統治しています。

日本と密接に関係しているのは、石油大国と
してのサウジアラビアです。日本はサウジアラ
ビアからもっとも多くの石油を輸入しており、
技術協力や人材交流なども広く行っています。

5

暑くて乾燥した石油大国

サウジアラビアといえば、広大な砂漠とラクダ。
しかし、それだけではありません。
近代的な都市や緑豊かなオアシスもあります。
地域ごとに見ていきましょう。

500万人以上が住む首都・リヤド。
近代的なビルが立ち並ぶ。

©adznano3／Shutterstock.com

ネフド砂漠

紅海の貿易港として発展したジッダ。聖地への巡礼者でにぎわう。

©Osama Ahmed Mansour／Shutterstock.com

メディナ
（マディーナ）

リヤド
A

ジッダ
B

メッカ
（マッカ）

アシール地方
C

サウジアラビアでもっとも雨が多いアシール地方。

©Ajmal Thaha／Shutterstock.com

ルブアルハリ砂漠

国土の3分の1が砂漠!?

サウジアラビアの国土面積は日本の約5.7倍もありますが、その3分の1は砂漠です。国土の多くは、高温で乾燥した気候で、川や湖もありません。ただし、地域によってことなります。

首都・リヤドのある内陸部は、寒暖差が激しく、乾燥した地域。6〜10月は、ほとんど雨が降りません。リヤドの周辺は砂漠が広がっていて、なかでも南部のルブアルハリ砂漠は世界最大級の広さがあります。

東部のペルシャ（アラビア）湾沿岸には水にめぐまれた地域があり、農業も行われています。また、世界屈指の油田地帯でもあり、石油工場が集中しています。一方、紅海に面した西部には第二の都市・ジッダがあります。ジッダの東には南北にはしる高い山が連なり、なかでも「アシール地方」には3,000m級の山地があります。雨が多く農業がさかんな地域で、緑豊かな避暑地としても人気です。

リヤドの月平均気温
1月：14.5℃
7月：36.6℃

大陸性砂漠気候で1日の寒暖差が激しい。日中40℃以上の暑さでも、夜は20℃台になるなどすずしくなる。

ルブアルハリ砂漠

写真：ロイター／アフロ

砂漠のなかにあるシェイバー油田。

©Volodymyr Dvornyk／Shutterstock.com

砂漠のなかでも、地下水がわくところは緑豊かなオアシスとなる。

©Hany Musallam／Shutterstock.com

ルブアルハリ砂漠は「何もない場所」という意味。

歴史のつながりを知ろう

古代サウジアラビアにいた遊牧民の子孫は商人となり、やがて預言者ムハンマドが現れます。イスラム教の誕生から、石油大国への道のりを見ていきましょう。

ラクダに乗った商人が砂漠をわたって物資をはこぶ

家畜として飼われるようになったラクダは、紀元前1世紀ごろから内陸の交通手段となります。アラビアの商人は、香料や象牙、宝石などをラクダに乗せて砂漠をわたり、交易を行いました。交易路には多くの古代都市が栄えました。

©Osama Ahmed Mansour／Shutterstock.com

古代都市ナバテア王国の遺跡であるマダーイン・サーレハ。世界遺産。

2008年に世界遺産に登録されたよ

イスラム教が生まれる

イスラム教が生まれたのは610年ごろです。メッカを支配するクライシュ族に生まれたムハンマドは、商人として成功しますが、40歳ごろになると、洞窟で瞑想にふけるようになりました。するととある夜、天使ガブリエルを通して、唯一神アッラーの声（啓示）を受けるようになったといいます。ムハンマドはそれ以降、神の啓示を伝える預言者として、アッラーへの信仰、つまりイスラム教の布教に努めます。

年	主なできごと
紀元前1000年ごろ	ナバテア人の王国が栄える 商人たちが交易を行う
610年ごろ	ムハンマドがイスラム教をおこす
622年	ムハンマドがメッカからメディナへ遷都する
632年	ムハンマドが亡くなる

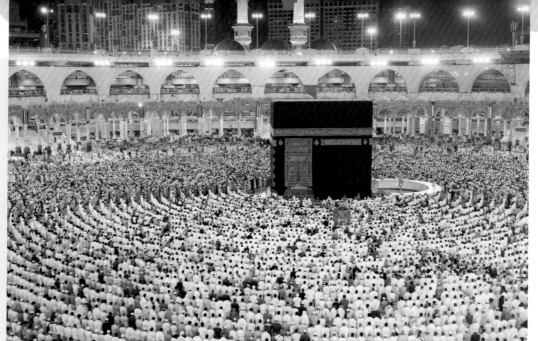

メッカ

黒い布でおおわれている
のが「カーバ神殿」。イ
スラム教徒にとっての世
界の中心で、1日5回の
祈りは、このカーバ神殿
の方角にささげる。

©Zurijeta／Shutterstock.com

©Irfan Mulla／Shutterstock.com

この2つが
イスラム教の
二大聖地なのね

メディナ

「預言者のモスク」。ムハン
マドが、神に祈りをささげ
ていた場所にモスク（礼拝
所）が建てられた。ムハン
マドの墓もある。

メッカからメディナへ

当時、メッカの人びとが信仰していたのは伝
統的な多神教だったため、一神教のイスラム教
徒は迫害を受けます。身の危険を感じたムハン
マドは、622年にメディナへと移住しました。

移住後、ムハンマドはイスラム共同体を組織
し、少しずつ勢力をひろげます。630年にメッ
カを征服。多神教をまつるカーバ神殿内の偶像
を破壊し、そのままイスラム教の聖地としまし
た。その後、周辺部族のほとんどが改宗し、ア
ラビア半島のイスラム社会が完成したのです。

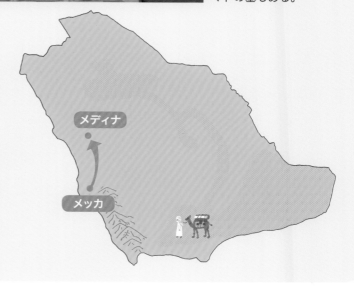

年	主なできごと
16世紀	オスマン帝国がアラビア半島に進出。メッカ、メディナを支配する
18世紀	サウード家が半島の中央部で力をつけていく
1744年	ワッハーブ派がイスラム教の宗教改革をはじめる
1818年	オスマン帝国の命を受けたエジプト軍が中央部を占領
1824年	サウード家がリヤドを拠点に勢力を拡大
1891年	サウード家のアブドルラフマンがクウェートに亡命
1902年	アブドルアジーズがリヤドを取り返す
1932年	サウジアラビア王国を建国 ★ ‥‥‥‥‥
1938年	油田が発見される

リヤドの郊外にあるディルイーヤの都市遺跡。

©H1N1／Shutterstock.com

サウード家がサウジアラビアを建国する

　18世紀に入ると、アブドルワッハーブが、イスラム教改革をおこします。コーランを厳格に守ろうとするもので「ワッハーブ派」といいます。この改革を支援したのがサウード家でした。ワッハーブ派とともに勢力をのばしたサウード家は、当時、アラビア半島を支配していたオスマン帝国と衝突します。サウード家は一時、クウェートに亡命するも、1902年にアブドルアジーズがリヤドを奪還。

　1932年に"サウード家によるアラビア王国"のサウジアラビア王国を建国しました。その6年後に油田を発見。以降、石油大国の道を歩みます。

初代国王アブドルアジーズ・イブン・サウードと子どもたち（全部で数十人の子どもが生まれた）。

©TopFoto／アフロ

©Fedor Selivanov／Shutterstock.com

リヤドのマスマク城塞。1902年のリヤド奪還の戦いの場となった。

日本では、石油危機で「紙がなくなる」などのデマが流れ、買いだめ客が店に殺到した。

年	主なできごと
1948年	中東戦争がはじまる
1955年	日本とサウジアラビアが国交を樹立
1971年	ファイサル第3代国王が来日
1973年	第4次中東戦争で一部の原油輸出を停止
1990年	イラクがクウェートに攻め入り、湾岸戦争に。アメリカ軍のサウジ駐留をみとめる

豊富なエネルギー資源で力をつけて、外国とかけ引きする

第二次世界大戦後、油田開発でばくだいな富を得たサウジアラビアは、急速に近代化します。遊牧民は都市に定住し、周辺諸国からの出かせぎ労働者も急増しました。石油大国としての強さを示したのが、第4次中東戦争です。周辺の産油国とともに、アメリカなどのイスラエル支援国への原油輸出を制限。石油価格が高騰し、先進国で石油危機を引きおこしました。

1990年にはイラクのクウェート侵攻をきっかけにアメリカ軍が駐留。湾岸戦争がおこります。その後も不安定な中東情勢が続き、サウジアラビアは難しいかじとりをせまられています。

砂漠の中に都市があってかっこいい〜

首都・リヤドには、キングダムタワーをはじめとする高層ビルが立ち並ぶ。

月に沿って祝祭日が決まる

日本では西暦のほかに、元号を用いた和暦が使われますが、サウジアラビアには「イスラム暦」という暦があります。どんな暦で、どんな祝祭日があるのでしょうか。

月の満ち欠けに合わせた太陰暦

サウジアラビアでも、国際的なビジネスでは西暦が使われることがほとんど。けれども、宗教上の祝祭日は「イスラム暦」で決められています。これは、預言者ムハンマドがメディナへ移住した年（西暦622年）からはじまる暦で、その移住をヒジュラ（聖遷）とよぶことから、「ヒジュラ暦」ともいいます。

西暦は地球が太陽のまわりを1周する時間を1年としますが、イスラム暦は月の満ち欠けで進む太陰暦。日没とともに1日がはじまり、新月からつぎの新月までが1ヵ月です。新月かどうかは、月の状態を目で見て判断します。1ヵ月は29日間または30日間で、1年は354日ほどと、西暦よりも短くなります。

重要な祝祭日は、イスラム暦10月の「イード・アルフィトル」と、イスラム暦12月の「イード・アルアドハー」です。西暦の時期とは少しずつずれるので、祝祭日の時期は毎年変わります。

祝祭日以外は、金曜日と土曜日がお休みです。

イスラム暦の12ヵ月

第1月	▶ ムハッラム
第2月	▶ サファル
第3月	▶ ラビー・アルアウワル
第4月	▶ ラビー・アッサーニー
第5月	▶ ジュマーダ・アルウーラー
第6月	▶ ジュマーダ・アルアーヒラ
第7月	▶ ラジャブ
第8月	▶ シャーバーン
第9月	▶ ラマダン（断食月）
第10月	▶ シャウワール
第11月	▶ ズー・アルカーダ
第12月	▶ ズー・アルヒッジャ（巡礼月）

西暦とくらべてみよう

西暦
《キリストの生まれた年（紀元0年）から数える》

2019年	2020年	2021年

イスラム暦
《ヒジュラのあった年（西暦622年）から数える》

1440年	1441年	1442年	1443年

イスラム暦の1年は西暦よりも少し短いんだ

イスラム暦 10月1日〜3日

イード・アルフィトル
（ラマダン明けの祭り）

　イスラム教では「ラマダン（P25）」といって、1ヵ月間断食するたいせつな行事があります。

　このラマダンを無事に終えたことを祝うのがイード・アルフィトルで、日本のお正月のようなものといわれます。

　ラマダンが明けたら、新しい服を着て集団礼拝を行い、ごちそうを食べます。そして祖父母や親せき、友人のもとを訪れ、親交を深めます。

写真：ロイター／アフロ

子どもたちは
お年玉のようにお金
をもらえるんだって

イスラム暦 12月10日〜13日

イード・アルアドハー（犠牲祭）

　イスラム暦12月の聖地メッカへの巡礼の成功を祝うお祭りです。アッラーの神に信仰心を試された預言者の物語に由来します。羊やヤギをいけにえとして殺し、家族や親せきとのお祝いのごちそうとしたり、貧しい人びとにふるまったりします。メッカだけでなく、世界中のイスラム教徒がいけにえをささげてお祝いします。

写真：AP／アフロ

西暦 9月23日

建国記念日

　1932年、初代国王となるアブドルアジーズ・イブン・サウードがアラビア半島を統一し、サウジアラビア王国の建国宣言を行った日に由来します。

　2005年から祝日となりました。

巡礼者は、石を投げて悪魔のさそいを退ける儀式を行う。

伝わる！ 楽しい！ アラビア語で話してみよう

サウジアラビアの公用語はアラビア語で、アラビア文字が使われています。
イスラム教徒にとっては、たんなる意思伝達の道具ではなく、特別なものです。

あいさつの言葉

アッ サラーム アライクム
السلام عليكم
あなたたちに
平安がありますように

ワ アライクムッ サラーム
وعليكم السلام
あなたたちにも
平安がありますように

イスミー ●●
إِسمِي ●●
わたしの名前は
●●です

シュクラン
شكرا
ありがとう

アナー ヤーバーニー
أَنَا يَابَانِي
わたしは日本人です

文字どうしが
つながって
まるで魔法の言葉
みたい！

アラビア文字は右から左へ読む

アラビア文字
الله أكبر

読み アッラーフ・アクバル
意味 アッラーは偉大なり

アラビア語の特徴は右から
左へ書くことと、母音をあら
わす文字がないこと。28個
のアルファベットはすべて子
音字で、読む人が知識や経験
から母音を推測します。

神の言葉を伝える
アラビア語とアラビア文字

預言者ムハンマドが受けた神の啓示は、アラビア語・アラビア文字で「コーラン（クルアーン）」という本にまとめられました。そのため、イスラム教徒にとって、アラビア語は神の言葉、アラビア文字は神の文字というべきものです。

アラビア語はイスラム教とともに、世界各地に広まりました。イスラム教徒なら、ふだんはアラビア語を使わない人も礼拝では使いますし、コーランのアラビア文字が読める人もいます。

コーランは「読むべきもの」という意味。朗読すると音楽のように美しく聞こえる。

©Casa nayafana／Shutterstock.com

アラビア語を母語とする人をアラブ人とする考え方もあります。1973年には、アラビア語は国際連合の公用語にもなりました。

アラビア語生まれの言葉

アラビア語
カフワ
（ قهوة ）

コーヒー
（coffee）

アラビア語
スッカル
（ سكر ）

シュガー
（砂糖）
（sugar）

アラビア語
アン・ナスル・アッ・ターイル
（ النسر الطائر ）

アルタイル
（わし座の彦星）
（Altair）

美しく芸術的な「アラビア書道」

アラビア文字の書道である「アラビア書道」は伝統芸術の1つ。神の文字をいかに美しく書くかという宗教的な理由から発展したとされ、現在は主に8種類の書体があります。日本は筆を用いますが、アラビア書道では葦や竹の先をナイフでけずり、墨をつけて用います。各地に書道教室があり、国際競書大会も行われています。

©V_ctoria／Shutterstock.com

憲法のかわりにコーランを守る

サウジアラビアで何よりたいせつなのは、コーランを守ること。
人びとはコーランを中心に毎日の生活を送っています。

イスラム教徒のなかでも
もっともきびしく決まりを守る

　サウジアラビアは、2大聖地を守るイスラム世界のリーダー的存在。イスラム教のなかでも、とくに厳格なワッハーブ派※を国教とし、コーランをきびしく守り、それをほこりとしています。

　日本には憲法がありますが、サウジアラビアにはありません。人間の正しい道はすべて神が示しているとされ、コーランや「ハディース（ムハンマドの行動や発言の記録）」が、すべての規範となります。それらをよりどころにした「イスラム法」で宗教行事から、衣食住、仕事、結婚、学校などにまで細かいルールが定められています。ただ、その解釈や実践は人によってさまざま。自分自身で神が示す道を考えることがたいせつで、迷うときはイスラム法学者（ウラマー）に相談することもあります。

　たくさんのルールを守るのは大変そうと思うかもしれません。しかし、ルールを守ることで、正しい道を歩んでいるという安心感が得られ、充実した日々を過ごすことができるのです。正しい道を歩めば、死後（来世）は天国で、永遠に幸福になれると信じています。

イスラム教（イスラーム）

神　アッラー
世界を創造した唯一の神。アラビア語で「崇拝されるもの」の意味。

預言者　ムハンマド
神の言葉を預かった人が預言者で、ムハンマドが最後の預言者。

啓典　コーラン
神の言葉を書きとめて本にまとめたもの。114章から成る。

聖地　メッカ、メディナ
メッカはムハンマドの生誕地。メディナにはムハンマドの墓がある。

ムスリム人口　約17億人
イスラム教徒（ムスリム）は中東、北アフリカ、アジアなど、世界中にいる。

コーランに書いていないことはどうするの？

イスラム法などを参考に、その人なりに考えるんだ

※イスラム教はスンニ派とシーア派の2つの宗派に大きく分けられる。スンニ派はイスラム教徒の8割以上と言われ、ワッハーブ派はスンニ派に属する。

かならず守る「六信五行」

イスラム教徒（ムスリム）が心から信じるべきものは、右の6つです。

「天使」は人間と神との間をとりもつ存在で、「来世」は死後の世界のこと。「天命」は、すべては神の意思で定められているという意味です。下にある、ムスリムの5つの義務とあわせて「六信五行」といいます。

六信（信じるべき6つの信条）

- アッラー
- 預言者
- 天使
- 来世
- 啓典
- 天命

ラー イラーハ イッラッラー
ムハンマド ラスールッラー

五行（実行するべき5つの義務）

くらしのなかに
いろいろある
このほかのルールも
紹介していくよ

1 信仰告白

日ごろから機会を見つけて、神へのちかいの言葉（左上の言葉の意味：アッラーのほかに神はなく、ムハンマドはアッラーの使徒である）をとなえる。

2 礼拝

夜明け前、正午、午後、日没、夜の1日5回、アッラーへの感謝をささげる。世界中どこにいても、聖地メッカの方角に向かって行う。
➡ 礼拝についてはP18へ

五行

5 巡礼

経済的・肉体的に可能であれば、一生のうちに一度は聖地メッカに巡礼することが望ましいとされている。カーバ神殿とその周辺で決められた儀式を行う。
➡ 巡礼についてはP19,21へ

4 断食

1年に1ヵ月間（イスラム暦9月）の日中は、飲食物を一切口にしてはいけない。飢えを体験し、食べ物のたいせつさを知り、思いやりの心をはぐくむ。
➡ 断食についてはP25へ

3 喜捨

喜捨とは寄付のこと。義務づけられた一定割合の寄付と、自ら行う寄付があり、困っている人や貧しい人のために使われる。子どもも、お年玉の一部を喜捨する。

ムスリムの毎日は
礼拝からはじまる

　ムスリムは、とても早起き。というのは、日がのぼる前の礼拝があるからです。首都リヤドでは、夏季は朝3時半、冬季は朝5時ごろに、礼拝をよびかけるアザーン（定型句を朗詠する声）が流れてきます。1日の礼拝は全部で5回。大変そうですが、ムスリムにとっては喜びであり、仕事中のよい気分転換にもなるとか。

　礼拝は、決められた時間に行います。季節や場所によってちがいますが、新聞やテレビ、スマホのアプリで知らせてくれます。サウジアラビアでは、時間になると、スーパーや銀行、レストランなどは約30分間閉店します。人びとは体をきよめてから、聖地メッカの方角に向かい、決まった手順にしたがって頭を床につけて祈ります。

● リヤドでの礼拝時間の目安

	夏季	冬季
暁の礼拝（ファジュル）	3：30〜	5：00〜
正午の礼拝（ズフル）	12：00〜	11：35〜
午後の礼拝（アスル）	15：00〜	14：30〜
日没の礼拝（マグリブ）	18：40〜	17：00〜
夜の礼拝（イシャー）	20：00〜	18：30〜

Q 礼拝ができないときは？

　決められた時間に礼拝ができなかったときは、つぎの礼拝時間までの間に行います。

　また、旅行中は、一部の礼拝を短くして行ったり、正午と午後の礼拝を合わせて行ったりすることもできます。

©mirzavisoko／Shutterstock.com

Q どこでするの？

礼拝のための建造物を「モスク」といいます。金曜日には集団礼拝が行われます。モスク以外に家や職場でも礼拝します。メッカの方角がわかり、清潔な場所であれば、どこでもお祈りができます。空港やホテル、学校などの公共施設には、小さな礼拝所が設けられています。

ミナレット
モスクにある高い塔。マイクから、礼拝の時間を知らせるアザーンが1日5回流される。

イマーム
礼拝を先導する人。仏教の僧侶やキリスト教の牧師のような聖職者ではない。指導者を意味する。

給水施設
礼拝前に身をきよめる「ウドゥー」のための給水施設がある。ウドゥーは手順が決まっていて、流水で、手のひら、口と鼻、顔、手首からひじ、頭髪と耳、足の順にきよめる。

像や絵画などはおいていないね

内部はじゅうたんが敷かれ、ミンバル（説教壇）とミフラーブがあるだけ。偶像崇拝禁止のため、像や絵画はないが、幾何学模様やデザイン化されたアラビア文字で美しくかざられていることも。

ミフラーブ
壁面につくられたくぼみで、メッカの方角を示す。

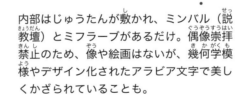

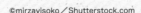

COLUMN

一生に一度はメッカに行きたい！

イスラム暦12月、メッカへの大巡礼「ハッジ」に訪れるムスリムは、毎年200万人以上います。数日間宿泊しながら、カーバ神殿周辺で儀式を行います。最後はカーバ神殿のまわりを7回まわり、全員が一体となって祈りをささげます。

大巡礼を終えた人は「ハージッジ（男性）」「ハージャ（女性）」とよばれ、周囲から尊敬されます。

©mirzavisoko／Shutterstock.com

真っ黒&真っ白な服！

全身を黒い布（ぬの）ですっぽりおおい、目だけを出したサウジアラビアの女性（じょせい）。
ちょっとびっくりするかもしれませんが、コーランの教えにもとづいた伝統的（でんとうてき）な服装（ふくそう）です。

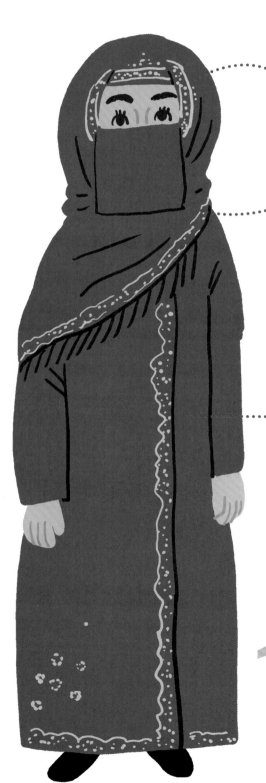

ヒジャーブ
頭髪（とうはつ）全体と首元をおおうスカーフのようなもの。アバヤとの組み合わせ方でおしゃれを楽しむ。

ニカーブ
顔をおおうフェイスカバーのようなもの。目の部分だけが開いている。地域（ちいき）によってつける。

アバヤ
ふつうの服の上からすっぽりおおうように着る、真っ黒いコートのようなもの。レースやししゅう、ビーズなどでかざられたものもある。

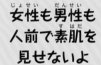

イスラムの教え

人前では肌（はだ）を見せない

女性（じょせい）も男性（だんせい）も人前で素肌（すはだ）を見せないよ

アバヤの下は…

アバヤの下はどんな服装（ふくそう）をしていても外からわからない。色あざやかなドレスを着たり、アクセサリーをつけたりして、おしゃれを楽しむ人も多い。

COLUMN
巡礼のときは2枚の白い布だけまとう

メッカへの巡礼では、男性はぬい目のない2枚の白い布をまといます。これは「イフラーム」とよばれる巡礼のための衣服。国籍や身分、貧富の差は関係なしに、みな平等なムスリムとして、神のもとへおもむくのです。女性はとくに定められた衣服はなく、全身をおおうイスラム教のスタイルです。

決められたルールのなかでおしゃれを工夫している

コーランには「女性は、家族以外に美しいところを見せてはいけない」と書かれています。そのため、女性は頭髪から足元までかくすのが伝統的なスタイル。どのくらいかくすのかは、国や地域、個人の考え方によってちがいます。

男性も全身をおおうスタイルで、強烈な日差しや砂嵐から頭や顔を守るのに適しています。

このような服装はみな同じように見えますが、布の種類や厚さ、柄、レースやししゅう、ビーズかざりなど、細かいところでおしゃれを楽しんでいます。

子どもは、学校に行くときは伝統的な服や制服を着ますが、ふだんは日本の子どもと変わりません。

イガール
直径15㎝くらいの黒いなわ状の輪っか。シュマーグの上に乗せて、風などで飛ばないようにする。

シュマーグ
頭全体をおおうスカーフのようなもので、白と赤のチェック模様が一般的。いろいろな巻き方がある。

マスバハ
玉を連ねた数珠。木や石などいろいろな素材でつくられている。お祈りの回数などを数えたりするのにも使う。

トーブ
全身をすっぽりおおうワンピース型の服。熱を吸収しにくい白が一般的。

家族みんなで食事を楽しむ

イスラム教では食事についても細かいルールがあります。
サウジアラビアの人びとはルールを守りながら、家族いっしょの食事を楽しみます。

1日のメインはお昼ごはん

サウジアラビアの食事の時間は、日本とかなりちがいます。礼拝があるため、朝食は朝6時と早く、昼食は午後3時ごろ、夕食は夜9時ごろというのが一般的です。メインは昼食で、礼拝の後に2～3時間かけてゆっくりとります。

とくに金曜日の集団礼拝の後は、家族や親族で集まって食事をするのが定番。ただし、家族以外にも大勢が集まるときは、男女分かれて食事するのがイスラム教のルールです。

主食はパンや米で、味つけは濃いめ。スパイスもよく使われます。アルコールは口にしませんが、甘い物も大好きです。

代表的な料理

カブサ 玉ねぎやトマト、にんにく、スパイス入りの炊きこみごはんの上に、骨つきの羊肉や鶏肉をのせた大皿料理。お祝いの席に欠かせない国民食。

©abamjiwa al-hadi／Shutterstock.com

ホブス 丸くて平たいパンで、中は空洞。豆やゴマのペーストをつけたり、肉をはさんだりして食べる。

©Anuja Mukhopadhyay／Shutterstock.c

ムタッバク 生地に玉ねぎや羊肉、卵などを加えて焼いたお好み焼きのようなもの。甘い物もある。

©Puspa Mawarni168／Shutterstock.com

シャウルマー 平たいパンに、回しながら焼いた鶏肉や羊肉、牛肉と、野菜などをいっしょにはさんだもの。

©Dzmitry Held／Shutterstock.com

サリーグ 米を牛乳とスパイスで煮こみ、鶏肉や羊肉をのせたリゾット。麦を牛乳で煮こんだ料理もある。

©Alawi Aseel Waleed

アラブスタイルの食事は？

　もともと遊牧民なので、床に座って大皿料理を囲んで食べるのが、正式な食事のスタイルです。座り方は自由で、あぐらでも片ひざを立ててもOK。おもてなしには、たっぷりの量を用意します。けれども近年は、テーブルとイス、フォークやスプーンで食べる西洋スタイルの家庭が多くなっています。

イスラムの教え

アルコールと豚肉を口にしてはいけない

右手で食べる

食事では右手を使うのがマナー。手で直接食べ物を口に入れるときも、スプーンを使うときも右手を使う。グラスなどを手わたしするときも右手で。

羊肉が好きで豚肉はNG。

サウジアラビアの人は肉が大好き。とくに子羊の肉や鶏肉をよく食べる。魚も好まれる。豚肉は、イスラム教で禁止されている。

お酒は飲まない

アルコールは、飲むのも料理に使うのも禁じられているので、食事時は紅茶や水を飲む。旅行者の酒の持ちこみも厳禁。

COLUMN

神に許された「ハラール食品」を食べる

　イスラム教徒が食べてはいけないものを「ハラーム食品」といい、豚肉やアルコール、それらをふくむ調味料、処理の適切でない肉などがあります。サウジアラビアでは、イスラム教徒が食べてよい「ハラール食品」しか流通していませんが、外国ではそうはいきません。ただ、ハラーム食品を食べても、罰せられることはありません。

デザート

©Moh Hassan／Shutterstock.com

ウムアリー
牛乳にドライフルーツやナッツ、スパイスなどを加えて焼き上げた温かいパンプディング。

©Nour Tanta／Shutterstock.com

クレージャ
ナツメヤシのシロップやはちみつを混ぜた甘酸っぱいソースが入ったクッキー。

飲み物

砂漠の国では冷たい水もおもてなしにぴったりだね

アラビックコーヒー
カルダモンなどのスパイスとコーヒー豆を煮だしたもので、日本のコーヒーとはちがう。紅茶もよく飲まれる。

©Sophie James／Shutterstock.com

サウジ・シャンパン
リンゴジュースに炭酸水、レモン、ミントなどを加えたもの。お酒がわりによく飲まれている。

©agilard／Shutterstock.com

COLUMN

©MUHAMMAD FARID／Shutterstock.com

甘～いデーツが欠かせない

「デーツ」とよばれるナツメヤシの実は、ビタミン、ミネラル、食物繊維などが豊富。古くから、砂漠でくらす人びとにたいせつにされてきました。コーランでは「神の与えた食べ物」とされ、ラマダン月の日没後には、まずデーツを食べます。産地や品種によって等級がちがい、乾燥させてそのまま食べるほか、ジャムやゼリー、お菓子などに加工したりします。

ラマダンで心身をスッキリ

イスラム暦9月は「ラマダン」。日の出から日没までは、断食が義務づけられています。
けんかや悪口、たばこもひかえて、身も心もきよめるたいせつな1ヵ月です。

ラマダンの1日

夜明け前　　**朝**　　**夕**　　**夜**

日の出の1時間半くらい前から、断食をはじめる。水も口にしてはいけない。

日中はコーランを読むなどして静かに過ごす。会社の勤務時間は2時間ほど短くなり、お店なども日中は閉まっている。

ラマダンの決まり

日中の飲食	けんかや悪口	たばこ

イスラムの勉強	慈善活動	義務以上の礼拝

日がしずんだら、まず水とデーツを食べる。その後、家族や親せき、友人などとともに、日没後のごちそう（イフタール）を夜おそくまで楽しむ。

Q どうして断食をするの？

断食は、よりよいムスリムになるための修行。飢えの体験を通して食べ物のたいせつさを実感し、飢えに苦しむ人への思いやりを深めます。

Q つらくはないの？

断食をやり通した達成感はとても大きく、やりがいがあるもの。日没後はみんなでごちそうを食べ、夜中までにぎやかな1ヵ月です。

子どもは、小学校高学年ごろから少しずつ練習し、14、15歳には大人同様に断食します。病人や旅行中の人などは断食を免除され、後日、やりなおすこともできます。

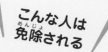

こんな人は免除される

- お年寄り
- 病人やけが人
- 赤ちゃん
- 旅行中の人

日没後、モスクでは水とデーツなどが無料でふるまわれる。イスラム教徒は分かち合いをたいせつにしている。

©AHMAD FAIZAL YAHYA／Shutterstock.com

どんな家に住んでいるの？

自宅で人をもてなすことの多いサウジアラビア。家の半分がお客さま用スペースになっていることもあるそうです。家の中のようすとおもてなしを紹介します。

広びろとしていて
お客さま用スペースがある

サウジアラビアの家庭は、子どもが3～4人いるのがふつう。家族が多いこともあり、日本の家にくらべて広びろとしています。部屋数も多く、ベッドルームが2つ以上あったり、住みこみのお手伝いさん用の部屋があったりすることも。色味の少ない砂漠に囲まれている分、家の中ではあざやかな色を楽しみます。

大きな特徴はお客さま用のスペースと、家族用のスペースが分かれていること。イスラム教では、家族以外の男女が同席することは公には禁じられているからです。男性のお客さまが来たら、お客さま用のリビングで、男性だけでもてなします。

その間に、女性はごちそうをつくって、お客さま用のダイニングに食事の準備をととのえます。姿を見せないように気をつけ、食事には同席しません。息子がいれば、おもてなしのお手伝いにかりだされることもあります。

女性客がいっしょに来た場合は、男性客とは別に、女性客用のスペースか、家族用のスペースでもてなします。

サウジ流のおもてなし

デーツと
コーヒーをふるまう

デーツとアラビックコーヒーのもてなしは、遊牧民のころから受け継がれた習慣。コーヒーを飲み干した後は、カップをゆらす（「もういらないよ」という合図）までおかわりが注がれます。

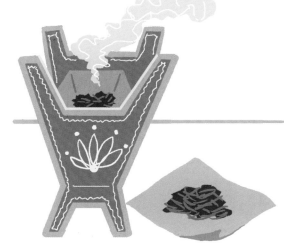

お香をたく

来客時や結婚式では、沈香や乳香などの香木をたいてもてなします。香炉に、着火させた炭と香木をおいてたくと、部屋中がよい香りに。来客の衣服にも香りをうつします。

窓が少なく小さめ

サウジアラビアの伝統的な家は、窓が少なく、小さめなのが特徴。これは砂嵐の砂が、入りこまないようにするため。

家族の前では、すがおのまま

外出するときはアバヤで全身をおおう女性も、家の中で家族と過ごすときは、カジュアルな服装に。ただし、男性の来客時は姿を見せない。

キラキラかざりが好き

サウジアラビアの人は、昔から金などの宝飾品を好む。裕福な家庭では、キラキラした調度品がよくかざられている。

くつをぬいでリラックス

家の中に入るときは、日本と同じようにくつをぬいでくつろぐ。じゅうたんや、ゆったりしたソファに座ってリラックス。

あざやかなじゅうたんで華やかに

床には、美しい模様が織りこまれた色あざやかなじゅうたんを敷く。お祈りのときにも、じゅうたんは欠かせない。かべにかざることも。

27

女性のくらしは大変？

コーランでは男女平等が説かれていますが、イスラム教徒の女性にはルールが
たくさんあります。けれども近年、女性のくらしは少しずつ変わってきています。

男どうし、女どうし
それぞれに楽しむ

　サウジアラビアでは、家族以外の男女の同席はNG。なんと結婚式も男女別です。華やかに盛り上がるのは断然、花嫁側のパーティだそう。女性だけの時間を思いきり楽しむのです。

　もう1つ、日本とちがうのが、男性は4人まで妻をもつことができること。ただし、あらゆる面で平等を保つのがルールで負担が大きく、現在は複数の妻がいる男性は少ないです。

　長い間、「家の中で守られるべき存在」とされてきた女性ですが、教育レベルが向上したことなどから、外ではたらく人も増えています。

結婚式は男女それぞれで祝う

男性側

夜8時ごろにスタート！
　男性側の披露宴は、花婿と花婿の父親がアラビックコーヒーやお茶、お菓子で男性客をもてなす。あいさつやお祝いの言葉を交わし、夕食をともにします。

夜10時ごろにスタート！
　会場に、華やかにドレスアップした女性客が集まると、お茶とお菓子でおしゃべりしたり、女性バンドの生演奏で歌やダンスを楽しみます。花嫁（ときには花婿も）は真夜中に登場。夕食後も、朝方まで宴が続きます。

女性側

変わっていく サウジの女性たち

スタジアムでサッカー観戦！

サウジアラビアで人気のサッカー。女性はテレビ観戦しかできませんでしたが、2018年1月にスタジアム観戦が解禁。入り口は男女別で、席は男性だけのシングルセクションと、女性・子ども連れの家族セクションがあります。

写真：The New York Times／アフロ

お店でショッピング！

首都リヤドのショッピングモールに設けられた女性専用階には、アバヤや化粧品、ドレス、下着の専門店、美容院など女性向けのショップが並び、ひと目を気にせずに、買い物できます。女性専用ホテルも、国内外の女性旅行者に人気。

写真：picture alliance／アフロ

写真：ロイター／アフロ

これはビックリ！

いちばん大事な人は お母さん

預言者ムハンマドは、いちばんたいせつにすべき人は「母親」であり、2番目、3番目にも「母親」といったそうです。じっさい、家庭内での母親の力は大きく、家事はお手伝いさんに任せて、“大事に守られた優雅な生活”を送る女性も多いです。

自動車の運転ができるように！

保守的な宗教家の意見が強いサウジアラビアは、世界で唯一、女性の運転が禁止されている国でした。しかし、2018年に経済社会改革の1つとして、女性の自動車運転が解禁されました。

男女は別べつの学校へ通う

サウジアラビアで、すべての基本となるのはイスラム教。
学校も例外ではなく、日本とはちがうところがあります。

1年間の主なイベント例（小学校）

1学期

9月 新学期

学校は9月はじまりの2学期制。西暦が採用されるが、イスラム暦の影響で新学期開始がズレることも。

10月

11月

12月 期末休み

2学期

1月 ラマダン明け&犠牲祭の休み

ラマダン（P25）明けの休みと、犠牲祭の休みはそれぞれ1〜2週間。イスラム暦の行事なので、毎年少しずつ時期がズレていく。

2月

3月

4月

学校の夏休みとイスラム教の休みがつながる年は長〜い休みになるね

5月

6月 夏休み

6月半ばに2学期が終わると、およそ2ヵ月半の長い夏休みとなる。

7月

8月

将来のために教育に力を入れはじめた

若者の人口が多いサウジアラビアでは、教育制度の充実は重要な課題です。

高学歴であるほど就職に有利と考えられており、裕福な家庭では子どもを欧米へ留学させることもよくあります。

学校制度は日本と同じように6・3・3・4年制で、義務教育は9年です。公立学校は小学校から大学まで、授業も教科書もすべて無料。公立大学では奨学金などの支援もあり、めぐまれすぎるあまり、目的もなく進学する学生が問題となっています。

大きな特徴は、小学校からイスラム教の授業があること。アラビア語ができ、イスラム教徒でなければ入れないので、それ以外の子どもは、インターナショナルスクールなどに通います。

公立の学校は大学までずっと授業料がかからないよ！

校舎も先生も、男女で分かれる

同性の保護者しか学校に入れないんだ！

イスラム教では家族以外の男女の同席は禁じられているため、小学校から男女別になります。敷地も建物も別で、女子の学校の先生は全員女性、男子の学校の先生は全員男性です。たとえ父親でも女子の学校内には入れません。

飛び級もある

公立と私立があり、どちらに入学するかは、それぞれの家庭が選べます。
小中高の卒業試験で合格すると、上の学校に進学でき、飛び級もあります。

~6歳
就学前
幼稚園や保育園などで、男女共学。公立もあるが、ほとんどが私立。

5歳6ヵ月~12歳
小学校
小学校からは男女別学となる。卒業試験に合格すれば中学校に進学できる。

13~15歳
中学校
夜間部もある。中学校の卒業試験に合格すると高校へ進学できる。

—— **義務教育は9年間** ——

16~18歳
高等学校
卒業試験に合格すれば卒業。公立大学への進学には全国テストの好成績などの条件がある。

19歳~
大学
国立は25、私立は7の大学がある（2019年現在）。男女別の学校がほとんどだが、医学部は男女共学。

国立大学に入るにはサウジ国籍でないとね！※

※とくに優秀な外国人学生が入学を許可される場合もある。

小学生の1日を見てみよう

サウジアラビアの子どもは、大人と同様に1日5回の礼拝があるため、とても早起き。授業も朝早くからはじまります。1日のようすをのぞいてみましょう。

礼拝時間は季節によってちがうので、それにともない、1日のスケジュールも変わってくる。

夜明け前に起きてお祈りをする

夜が明ける前、街中に流れるアザーンで目覚めます。家族みんなで、家の中で夜明け前のお祈りをします。男の子は父親といっしょにモスクの礼拝に出かけることもあります。その後、6時半ごろに朝食を食べ、学校の準備をします。

決められた服で登校する

男子の服装はトーブです。
女子はブラウスとワンピース型のロングスカートが一般的で、学校の外ではアバヤを着るのがルール。
男女別のスクールバスで通学します。父親が自家用車で送りむかえをしたり、送迎専門の運転手がいる家庭もあります。

時期によって
朝3時半ごろ
から礼拝だよ

これはビックリ!

1週間は日曜日からはじまる

日本では月曜日から学校で、土曜日と日曜日がお休み。
けれども、サウジアラビアでは1週間のはじまりは日曜日で、木曜日まで学校に行ったら、金曜日と土曜日がお休みです。これは会社なども同じ。何だかふしぎな感じがしますね。

学校内では
アバヤをぬいで
制服で過ごすのね

授業は朝7時半ごろにスタート

　授業開始はとても早く、朝7時半ごろ。これは、暑くなる前に授業が終わるようにと考えているからです。どの学校でも、アラビア語、サウジアラビアの歴史、コーランの音読暗唱の3つは必修です。

　また、数学や科学などの理数科目やコンピュータの導入も重視されています。

サウジアラビアならではの授業例

「イスラム法学」
コーランの教えを、ふだんの生活のなかでどのように守っていくのかを学ぶ。

「ハディース」
預言者ムハンマドの行動や言葉を記した書物「ハディース」について学ぶ。

「コーラン」
ムハンマドが受けた神の啓示を記した「コーラン」を学び、音読や暗唱をする。

時間割（小学校高学年の一例）

	日	月	火	水	木
1時間目 （7：30〜8：15）	数学	ハディース	イスラム神学	数学	社会
2時間目 （8：15〜9：00）	アラビア語	コーラン	コーラン	科学	数学
3時間目 （9：00〜9：45）	アラビア語	数学	数学	英語	家庭科
4時間目 （9：45〜10：30）	ハディース	アラビア語	図工	課外活動	アラビア語
休けい（P34）					
5時間目 （10：45〜11：30）	科学	イスラム法学	アラビア語	課外活動	英語
6時間目 （11：30〜12：15）	家庭科	社会	コーラン	アラビア語	アラビア語
7時間目 （12：15〜13：00）	図工	アラビア語	科学	イスラム法学	コーラン

イスラム教に関する授業が多くあるね

これはビックリ！
女の子は体育の授業がない!?

　サウジアラビアでは運動する習慣があまりなく、一部の私立学校以外は女子の体育の授業はありませんでした。しかし、2017年に公立学校の女子体育の授業導入が決まりました。

休けい時間には軽食をつまむ

日本のように、各授業（じゅぎょう）の間に休けい時間はありません。1日のなかで休けい時間があるのは、3時間目か4時間目の後だけ。15分ほどの間に、校内の売店で買ったドーナツやお菓子（かし）、持参したサンドイッチなどを食べたりします。

何か飲み物を買おうかなぁ……

夕方すずしくなってきたら宿題をするよ

帰宅（きたく）してから家族とランチタイム

学校から帰ってくるのは、午後2時〜3時ごろ。会社から帰ってきた家族といっしょに、ゆっくり昼食をとります。日本よりも家族で過ごす（す）時間が多いです。

金曜日は、お昼の集団礼拝（れいはい）の後、親せき一同でごちそうを食べるのを楽しみにしています。

COLUMN

サウジの子どもも日本のアニメが好き

中東でも、『名探偵（めいたんてい）コナン』や『ドラえもん』、『ちびまる子ちゃん』など、日本の作品が子どもから大人まで親しまれています。

とくに有名なのが『キャプテン翼（つばさ）』で、人気を集めています。2017年にはアラビア語に翻訳（ほんやく）した原作マンガも発行されています。

©高橋陽一／集英社
アラビア語版・紀伊國屋書店刊

サッカーや人形遊びも人気

休み時間や放課後には、たくさんの男の子がサッカーを楽しんでいます。家では人形遊びをしたり、テレビゲームをしたりします。ハンカチ落としや鬼ごっこ、ビー玉遊びなど、日本と同じような遊びもあります。空手も人気です。

砂漠におでかけすることも

都会でくらす子どもたちの楽しみの1つが、砂漠へのドライブ。日差しがやわらぐ夕方に砂漠でバギーを走らせたり、じゅうたんの上でお茶を飲みながらおしゃべりを楽しんだりします。

砂漠にしずむ夕日や満天の星空をながめるのもすてき。ゆったりとした時間を過ごします。

週末は家族でショッピング

外で、芝居などを楽しむ習慣のなかったサウジアラビア。ごらくといえば、砂漠や海へのピクニックが定番ですが、都会ではショッピングモールも人気です。

モール内にはさまざまなお店や施設、レストラン、フードコートなどがあり、家族連れで1日中にぎわいます。ラマダン月に行われる夜中のセールも楽しみ。

©Crystal Eye Studio／Shutterstock.com

留学生に聞いてみよう

アラウィ アシール ワリードさん
（筑波大学　4年生）
（2019年現在）

日本とサウジアラビアの かけはしになりたい！

　高校生のときに家族と来日して日本文化への興味が増し、日本の大学で学ぶことを決めました。将来は、2つの国をつなぐ存在になりたいです。

サウジアラビア王国 ジッダ市
紅海に面した大都市で、ジェッダともよばれる。気候は一年を通して高温多湿。二大聖地に近く、メッカへの巡礼の玄関口としても発展している。

出身はココ！

Q 日本へ来て、どんな ちがいを感じましたか？

A 漢字やひらがなの看板に とまどいました

　子どものころにテレビで日本のアニメを見ていましたが、じっさいに来日して人の多さにおどろきました。当時は漢字やひらがなの看板に異文化を実感し、とまどうことも。また、サウジアラビアは若者の比率が高いのですが、日本は高齢の人が多く子どもが少ないなと感じました。

春、夏、秋、冬。日本は移り変わる季節が美しい。

こんなところにビックリ！

1人でくらす学生が多い
サウジアラビアでは、家族のつながりが強く、社会人になって結婚した後でも、親と住むことはふつうです。日本では大学生から実家を出る人も多いと知り、文化のちがいを感じました。

Q サウジアラビアと日本の
子どもたちはどうちがいますか？

A 学校の制度と、小さいころの自立心に
ちがいがあります

　サウジアラビアでは、男子だけの学校、女子だけの学校に分かれています。また、小学校から大学まで、イスラム教に関する宗教の勉強があるところが大きなちがいだと思います。

　日本の子どもたちの生活を見て、小学校に入学する前の小さなうちから、自分で服を脱ぎ着したり、ひとりで飲食できるところがすばらしいと感じています。

小学生のころ……

好きだった科目
**英語、
科学**など

語学や文化に興味があった。数学やアラビア語も好きで、宗教についての科目も楽しかった。

楽しかったけれど、体を動かすのはやや苦手。得意ではなかったかな。

苦手だった科目
体育

Q どんな教えを大切に
していますか？

A 「アッラーにもっとも愛される
のは、人のために行動する人」

　預言者ムハンマドの行動や言葉を記した書物「ハディース」でつづられるメッセージの1つです。時間やお金を自分だけでなく人のためにもつかうことが、幸せにつながると考えています。この教えを心にとめて、困っている人を助けたり、まわりの人にやさしくしたりするよう心がけています。

好きな日本食
**お寿司、
海鮮丼、天丼**

　シーフードをつかった和食は、ヘルシーでおいしくて大好きです。イスラム教の教えにのっとって、安心して食べることができます。

メディナにある預言者のモスク。世界中から巡礼者を受け入れる。

日本にとって最大の原油供給国

日本で産出する石油は必要量のわずか0.3%。99%以上を輸入にたよっており、最大の輸入先がサウジアラビアです。

● 日本とサウジアラビアの貿易総額
（日本の貿易全体における割合）

2005年	3兆6,315億円（3.0%）
2010年	3兆7,173億円（2.9%）
2018年	4兆1,871億円（2.6%）

（資料：財務省貿易統計）

日本 ➡ サウジ

電気機器
4.3%

その他

一般機械
10.0%

日本の輸出額
約**4,541**億円
（2018年）

鉄鋼、
ゴム製品など
16.6%

自動車、
その部分品
60.2%

（資料：財務省貿易統計、
「世界貿易投資報告2019年版」JETRO）

日本のほかに
アメリカや韓国から
自動車を
輸入しているよ

サウジアラビアなどの中東では、スポーツ用多目的車（SUV）が人気（下の車は日本国内向けSUV車）。

画像提供：トヨタ自動車株式会社

日本からのサウジアラビアへの輸出品は、自動車などの輸送用機器がトップ。ほかに、鉄鋼、ゴム製品、エンジンやポンプなどの一般機械などがあります。

サウジ ➡ 日本

アルミニウム製品 **0.7**% ―

化学製品 **2.2**% ―

日本の輸入額
約3兆7,329億円
（2018年）

鉱物性燃料
96.4%

（資料：財務省貿易統計、
「世界貿易投資報告2019年版」JETRO）

オイルロードを通って日本へ運ぶ

サウジアラビアから日本まで、巨大な石油タンカーで、約20日間かけて原油を運ぶ。この道のり（オイルロード）には、せまくて通りにくい海峡や、海ぞくが出る地域もある。

● 日本の原油輸入先（2018年度）

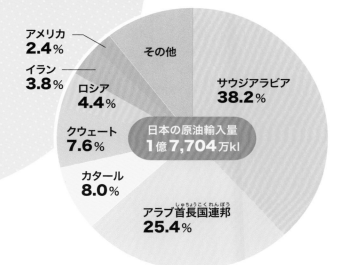

アメリカ
2.4%

イラン
3.8%

ロシア
4.4%

クウェート
7.6%

カタール
8.0%

アラブ首長国連邦
25.4%

その他

サウジアラビア
38.2%

日本の原油輸入量
1億7,704万kl

（資料：「調べてみよう石油の活躍」石油連盟／
「平成30年 資源・エネルギー統計年報」経済産業省）

サウジアラビアからの輸入は、原油などの鉱物性燃料がほとんど。日本の原油輸入先は中東の国ぐにが多く、なかでも約40%をサウジアラビアがしめており、最大の原油供給国となっています。

エネルギー分野を中心に
強いむすびつきがある

資源のとぼしい日本にとって、石油の安定供給は重要な課題です。サウジアラビアからの石油供給には、1957年の石油採掘権の獲得が非常に大きな意味をもちました。それまで欧米諸国がにぎっていた油田の採掘権を、日本のアラビア石油株式会社が獲得したのです。以降、契約満了の2000年までに生産した原油量は、約39億バレル。このうち、70%以上が日本に安定供給され、日本の高度経済成長を支えました。その後も日本とサウジアラビアの友好関係は続き、日本の最大の原油供給国となっています。

一方、サウジアラビアにとって日本は第2位の輸出相手国であり、第5位の輸入相手国です。日系企業の進出のほか、技術指導や人材育成などの支援も積極的に行われています。

石油がくらしを支えている

はるか昔、魚やプランクトンの死がいが土砂とともに海底に積もり、何百万年もかけて変化したのが石油です。サウジアラビアの原油がくらしに届くまでを見てみましょう。

原油がくらしに届くまで

どう運ばれるのか知りたいな！

\ START! /

油田から原油をとる

石油（原油）がたまった地層のある地域を油田という。地上や海上、宇宙から油田を探して、ドリルをつけた鉄のパイプで掘り、原油を吸い上げる。

画像提供：JXTGエネルギー（株）

原油タンクにためる

石油タンカーと原油タンクをホースでつなぎ、タンクに原油をうつす。日本では、緊急時に備えて各地に備蓄用のタンクがある。

タンカーで日本へ運ぶ

石油（原油）を運ぶ専用の船を石油タンカーという。全長は約300m。日本まで安全に運ぶには、いろいろな国の協力が欠かせない。

画像提供：出光興産株式会社

画像提供：JXTGエネルギー（株）

石油製品をつくる

採掘した原油をそのまま使うことはできない。製油所で蒸留・精製して、ガソリンや灯油、軽油、重油などの石油製品につくりかえる。

くらしのどこに使われる？

石油のパワー①
動かす
石油製品をエンジンの中で一気に燃やすと、乗り物を動かす力（燃料）になる。ガソリンや軽油は自動車やトラックの燃料に、重油は大きな船の燃料に使われる。

石油のパワー②
温める
石油製品を燃やすと、空気などを温める熱になる。石油ストーブやヒーターの燃料として用いられるほか、ビニールハウスを温めるときや、発電所でも使われている。

石油のパワー③
原料になる
ものをつくる原料として石油が使われる。容器、機械部品、おもちゃなどのプラスチック製品、タイヤなどのゴム製品、ポリエステルなどの化学繊維、洗剤などがある。

ガソリン
アスファルト
ストーブの灯油
化粧品
お菓子の包装紙
ペットボトル
食品トレー
タイヤのゴム
洗剤

石油製品を運ぶ
石油製品は主にタンクローリーで工場などに運ばれる。遠方へはタンク車（貨物列車）や内航タンカーで中継基地まで運び、タンクローリーに積みかえる。
画像提供：コスモエネルギーホールディングス（株）

画像提供：コスモエネルギーホールディングス（株）

店や会社、家庭に届く
タンクローリーで販売店やガソリンスタンドまで運ばれた石油製品を、人びとが購入する。

ビジネスでの結びつきは？

貿易以外の交流は、なにがあるかな？

サウジアラビアと日本は、2015年に国交60周年をむかえました。
たんなる貿易相手国をこえた協力関係を築き、
とくに経済技術分野での交流がひろがっています。

石油製品をつくる共同チーム

日本の化学会社である住友化学とサウジアラビアの石油会社のサウジアラムコが合弁会社を設立。紅海沿岸の都市・ラービグに世界最大級の石油精製・石油化学統合コンビナートをつくり、2009年より稼働させています。

画像提供：住友化学（株）

写真提供：SJAHI

技術を学ぶための研修所をつくった

さまざまな日本のメーカーが協力し、サウジアラビア電子機器・家電製品研修所（SEHAI）や日サウジ自動車技術高等研修所（SJAHI）、プラスチック加工技術高等研修所（HIPF）を開設。多くのサウジアラビアの若者が、日本メーカーの指導のもと、科学技術を学んでいます。

画像提供：日立造船

たいせつな水をつくりだす

サウジアラビアでは、石油より水のほうが高いといわれるほど、水は貴重です。海水を真水にする淡水化事業もさかんで、28のプラントが操業しています※。複数の日本企業が参入し、省エネ化やコスト削減に貢献しています。

※サウジアラビア海水淡水化公社が操業しているプラント数（2019年現在）。

国と民間企業が協力して 経済や技術の交流を進めている

サウジアラビアでは人口の急増にともなって、国内の原油消費量が増えています。原油価格の低下の影響もあり、2030年代には原油輸入国になるとの予測も。そのため、「石油だけ」の国から早急に変わろうと、産業の多角化や省エネ・再生エネルギー事業の開発を進めています。

日本は2007年から「日本・サウジアラビア産業協力」活動を開始し、官民が協力して、日系企業のサウジアラビアへの進出や人材育成に積極的に取り組んでいます。

サウジアラビアに住む日本人は1,000人前後となり、日系企業も100社ほど進出。サウジアラビアが発表した長期国家改造計画「ビジョン2030」への協力支援も決まっています。

写真：ロイター／アフロ

石油にかわるエネルギー！

太陽や風など、環境をよごさず再生可能なエネルギー事業が進められています。出力1,000kW以上の大規模太陽光事業には、日本企業も参入。約300万戸以上の家庭に電力を供給できます。

女性のはたらく場を増やす

日本の企業ユニ・チャームの現地法人は、公の場で男女の交流を禁じるイスラム教の決まりを考慮し、2012年に女性限定の工場を設立。女性のはたらく場を増やしています。

画像提供：ユニ・チャーム

COLUMN

観光旅行でサウジアラビアへ！

これまでサウジアラビアへの旅行は、巡礼を目的とした宗教観光や、ごくかぎられたケースしかできませんでした。しかし、観光産業の収入増と雇用促進を目的に2019年9月、49ヵ国に観光ビザを解禁すると発表。巡礼者でなくても、サウジアラビアの魅力を楽しめるようになります。旅行時は「ひかえめな服装」がすすめられています。

● 2016年 ハッジ巡礼者の出身国割合

サウジアラビア人 9％

外国人 91％

1位 エジプト
2位 パキスタン
3位 インド
4位 イエメン
5位 スーダン

（資料：「リヤドスタイル（2017年3月）」JETRO）

文化や人の交流も増加中

経済技術分野の交流がひろがるにつれ、文化や人の交流も増えています。友好関係の維持には、政府間だけでなく、民間レベルでの交流がたいせつになるでしょう。

留学生や青年団が交流を深めている

日本で学ぶサウジアラビア人留学生は増えており、2015年は600人以上になりました。留学生以外に、両国の青年団もたがいに訪問し合っています。また、リヤドのキングサウード大学には日本語学科が創設され、卒業生は日本企業をはじめ、さまざまな分野で活やくしています。

文化的な交流としては、サウジアラビアが大阪万博や愛知万博に参加したほか、東京に「アラブ イスラーム学院」を開校。アラビア語やイスラム文化の普及を進めています。

一方、日本は2011年の「サウジアラビア伝統と文化の国民祭典（ジャナドリヤ祭）」に、官民共同で日本館を出展し、最新テクノロジーや伝統文化、マンガ、アニメなどを紹介。約30万人が訪れ、日本への高い関心を示しました。

画像：外務省ホームページ
(https://www.ksa.emb-japan.go.jp/itpr_ja/highlight20180421.html)

サッカーや柔道を通じたスポーツ交流

サッカーなどのスポーツを通じた交流もさかん。とくに武道への関心が高く、柔道や空手の日本人専門家による技術指導や演武が人気です。柔道はサウジ空軍と警察の授業に取り入れられています。

いっしょにサッカーをしたいな

サウジで初めて日本のオーケストラが演奏した

2017年4月、日本のオーケストラがリヤドを訪れ、数十年ぶりのコンサートを開催。オペラの代表歌曲や和太鼓を使った日本の楽曲を演奏し、満席の会場は大興奮に包まれました。

写真：公益財団法人さわかみオペラ芸術振興財団

2002年のFIFAワールドカップにおいて、サウジアラビア代表チームのキャンプ地となった調布市。その後も、親善フットサル大会や、小・中学生のアラブ イスラーム学院体験学習会、サウジアラビア文化展などを行い、相互理解の推進を図っています。

愛知県 豊根村

東京都 調布市

写真提供：調布市

写真提供：豊根村役場

愛・地球博をきっかけに、豊根村とサウジアラビアとの交流がはじまりました。村民自ら企画し、サウジ留学生のホームステイや自然体験プログラムを実施。今では以前に参加した留学生が通訳をつとめたり、家族連れで遊びに来たりするなど、温かい交流が続いています。

COLUMN

めざせ！ムスリムフレンドリー

日本を訪れたイスラム教徒にとって、食事は重要な問題。近年は、イスラム教のルールにのっとったハラールの食事を提供する飲食店も少しずつ増えています。イスラム教徒の受け入れとともに、社員食堂や学生食堂でハラールの食事提供をはじめるところも。

ムスリムにやさしい"ムスリムフレンドリー"がもっとひろがるといいですね。

ハラール認証の食材を使ったメニューが並ぶ学生食堂（筑波大学）。

写真提供：カフェ マルハバン Café MARHABAN

写真提供：JR東日本

旅行客向けに開設された、JR東京駅構内の礼拝室（Prayer Room）。

全巻共通さくいん

さくいんの見方
②4→第2巻の4ページ。

このシリーズで紹介している主な国、地域、都市（青字は地域、都市名）

もっと知りたい人は調べてみよう！

【世界の国・地域全般について】

外務省「国・地域」

https://www.mofa.go.jp/mofaj/area/
index.html

国際協力機構（JICA）キッズコーナー

「どうなってるの？世界と日本―私たちの日常から途上国とのつながりを学ぼう」など

https://www.jica.go.jp/kids/

【貿易について】

日本貿易会　JFTCきっず★サイト

https://www.jftc.or.jp/kids/

日本貿易振興機構（ジェトロ）

「国・地域別に見る」

https://www.jetro.go.jp/world/

【世界の学校、子どもたちについて】

外務省　キッズ外務省
「世界の学校を見てみよう！」

https://www.mofa.go.jp/mofaj/kids/kuni/
index.html

日本ユニセフ協会
子どもと先生の広場「世界のともだち」

https://www.unicef.or.jp/kodomo/lib/
lib1_bod.html

【国際交流などについて】

自治体国際化協会（クレア）「自治体間交流」

http://www.clair.or.jp/j/exchange/

日本政府観光局（JNTO）「統計・データ」

https://www.jnto.go.jp/jpn/statistics/
index.html

監 修

井田仁康（いだ・よしやす）

筑波大学人間系教授。1958年生まれ。社会科教育、特に地理教育の研究を行っているほか、国際地理オリンピックにもたずさわっている。

取材協力	アラウィ アシール ワリード
イラスト	植木美江
デザイン	八月朔日英子
校正	渡邉郁夫
編集協力	オフィス201（高野恵子）、寺本彩

写真協力・提供 （写真の位置は、各ページの上から順に番号をふりました）

Alawi Aseel Waleed（P22④、P36①②③、P37①）／アフロ（P7①、P10③、P13①②、P29①②③、P43①）／出光興産株式会社（P40③）／SJAHI（P42①）／外務省（P44①）／カフェ マルハバン（P45⑥）／公益財団法人さわかみオペラ芸術振興財団（P44②）／コスモエネルギーホールディングス株式会社（P41①②）／JR東日本（P45⑤）／JXTGエネルギー株式会社（P40①②）／Shutterstock.com（P2①、P5①、P6①②③、P7②③、P8①、P9①②、P10①②、P11①、P15①②、P18①、P19①、P21①、P22①②③⑤、P24①②③④⑤、P25①、P35①）／集英社／紀伊國屋書店（P34①②）／住友化学株式会社（P3①、P42②）／日立造船株式会社（P42③）／調布市（P45①②）／トヨタ自動車株式会社（P38①）／豊根村役場（P45③④）／ユニ・チャーム（P3②、P43②③）
【表紙4点：Shutterstock.com】

＊写真は、権利者の許諾を得て、または、収蔵元の指定する手続に則って使用していますが、心当たりのあるかたは、編集部までご連絡ください。

参考文献

「調べてみよう石油の活躍 2019年小学校児童用テキスト」（全国小学校社会科研究協議会監修／石油連盟）
「リヤドスタイル」（JETRO）
『池上彰のよくわかる世界の宗教 イスラム教』（池上彰著、こどもくらぶ編／丸善出版）
『イスラーム世界事典』（片倉もとこ編集代表／明石書店）
『イスラームってなに？1 イスラームのおしえ』（後藤絵美著、長沢栄治監修／かもがわ出版）
『基本地図帳 改訂版2019-2020』（二宮書店）
『Q&Aで知る中東・イスラーム2 イスラーム誕生から二十世紀まで 中東の歴史』（宮崎正勝監修／偕成社）
『Q&Aで知る中東・イスラーム3 イスラームの人々・ムスリム そのくらしと宗教』（樋口美作、佐藤裕一監修／偕成社）
『Q&Aで知る中東・イスラーム4 砂漠と石油と水と都市 中東の地理と産業』（内藤正典監修／偕成社）
『国別 世界食文化ハンドブック』（ヘレン・C・ブリティン著／柊風舎）
『国際理解を深める世界の宗教3イスラム教』（清水芳見監修／ポプラ社）
『サウジアラビアでマッシャアラー！』（ファーティマ松本著／ころから）
『サウジアラビアを知るための63章【第2版】』（中村覚編著／明石書店）
『サウジはともだち』（サウジアラビア王国大使館 文化部）
『さがし絵で発見！ 世界の国ぐに⑨サウジアラビア』（池上彰監修、稲葉茂勝著／あすなろ書房）
『しらべよう！世界の料理4 西アジア アフリカ』（青木ゆり子監修・著、こどもくらぶ編／ポプラ社）
『世界国勢図会 2019/20年版』（矢野恒太記念会）『世界の統計2019』（総務省統計局）
『体験取材！世界の国ぐに38 サウジアラビア』（吉田忠正 文・写真、中村覚監修／ポプラ社）
『データブック オブ・ザ・ワールド 2019年版』（二宮書店）
『不思議の国サウジアラビア—パラドクス・パラダイス』（竹下節子著／文藝春秋）
『目で見る世界の国々65 サウジアラビア』（キャサリン ブロバーグ著、竹信悦夫訳／国土社）
【WEBサイト】
中東協力センター「中東各国情報」 https://www.jccme.or.jp/08/08-00.html
アラブ イスラーム学院「アラビア村」 http://www.arabiamura.com/
在サウジアラビア日本国大使館 https://www.ksa.emb-japan.go.jp/itprtop_ja/index.html

もっと調べる 世界と日本のつながり❹

サウジアラビア   NDC290

2020年 3月31日　第1刷発行	48p　29cm×22cm
2022年10月31日　第3刷発行	

監　修　井田仁康
発行者　小松崎敬子
発行所　株式会社 岩崎書店　〒112-0005　東京都文京区水道1-9-2
　　　　　　　　電話　03-3813-5526（編集）　03-3812-9131（営業）
　　　　　　　　振替　00170-5-96822
印刷・製本　図書印刷株式会社

もっと調べる 世界と日本のつながり

全5巻

［監修］井田仁康

第**1**巻
韓国

第**2**巻
アメリカ

第**3**巻
中国

第**4**巻
サウジアラビア

第**5**巻
日本と結びつきの強い国ぐに

岩崎書店

キーワードで調べてみよう

このシリーズでは、下のようなさまざまな切り口から
日本と外国のつながりを紹介しています。

© Irfan Mulla/Shutterstock.com

keyword キーワード

国

どんな国旗があるかな？
主な都市、通貨、
気候、祝祭日、言葉、
歴史なども見てみよう。

keyword キーワード

宗教

サウジアラビアでは
イスラム教にのっとって
生活するんだ。それぞれの
国の宗教を調べてみよう。

© Korea Tourism Organization

keyword キーワード

貿易

日本と外国は、たがいに
モノやエネルギーを売ったり
買ったりしているよ。

keyword キーワード

食・衣服・
くらしの習慣

食べ物や民族衣装、
日々の生活は、日本とどんな
ちがいがあるだろう？

keyword キーワード

留学生

外国から日本へ
留学している人の話を
聞いてみよう。